36

LEÇONS DE SOLFÈGE

A Changements de Clefs

Données depuis 1835 jusqu'en 1870

AUX CONCOURS DU CONSERVATOIRE ROYAL
DE BRUXELLES

PAR

F.-J. FETIS

Prix Net : 5 Francs

LEMOINE et FILS, Éditeurs

PARIS, 17, rue Pigalle. — BRUXELLES, 49, rue de la Régence

36 LEÇONS DE SOLFÈGE

A CHANGEMENTS DE CLÉS

données depuis 1835 jusqu'à 1871

AU CONCOURS DU CONSERVATOIRE ROYAL DE BRUXELLES

par F. J. FÉTIS

CONCOURS DE 1835

mf
p
f
Dimin.
Cresc.

Dolce
Dolce.

Andantino 69 =
N° 2
p
Poco rallent.
All° con moto 56 =
mf
Suivez.
p

p
mf
Poco rallent.
Poco rallent.

Moderato 50 = ♩.
N° 3
p
f
p
Cresc.
Dimin.

mf
p
p
p

f
f
p
p
Cresc.
Dimin.
Cresc.
Dimin.

Allegro 104 =
p
N° 4
p
p

Poco riten.
Tempo
mf
Tempo
p
Poco riten.
f
mf
p
Cre
Cre
scen
do.
f
scen
do.

CONCOURS DE 1839

Poco riten.
Suivez

Ral _ len _ tan _ do
Ral _ len _ tan _ do
a Tempo
p
p
Rallent
Suivez

Moderato 108 = 𝅗𝅥
Nº 6
p
p

mf
Rallent.
Suivez
a Tempo
p
p

Cre . scen . do
f
Cre . scen . do
f

Allegro comodo 100 = 𝅗𝅥
N° 7
p
p
p

Allegro 104 = ♩
p
N° 8
p

mf

All° moderato 69 = 𝅗𝅥
N° 9
mf
p

mf
p
Dimin.
p

Allegro 108 = ♩

N° 10

Cresc.
f
Dimin.
mf

III
mf

CONCOURS DE 1845

Cresc.
f
Dimin.
Cresc.
mf
Dimin.
1° Tempo
Poco riten.
mf
Suivez.
p
Stesso tempo
p
p

1r Tempo
mf
p
Cresc.
mf
f
mf

All° non troppo 88 = ♩
N° 12
p
Cresc.
f
Stesso tempo

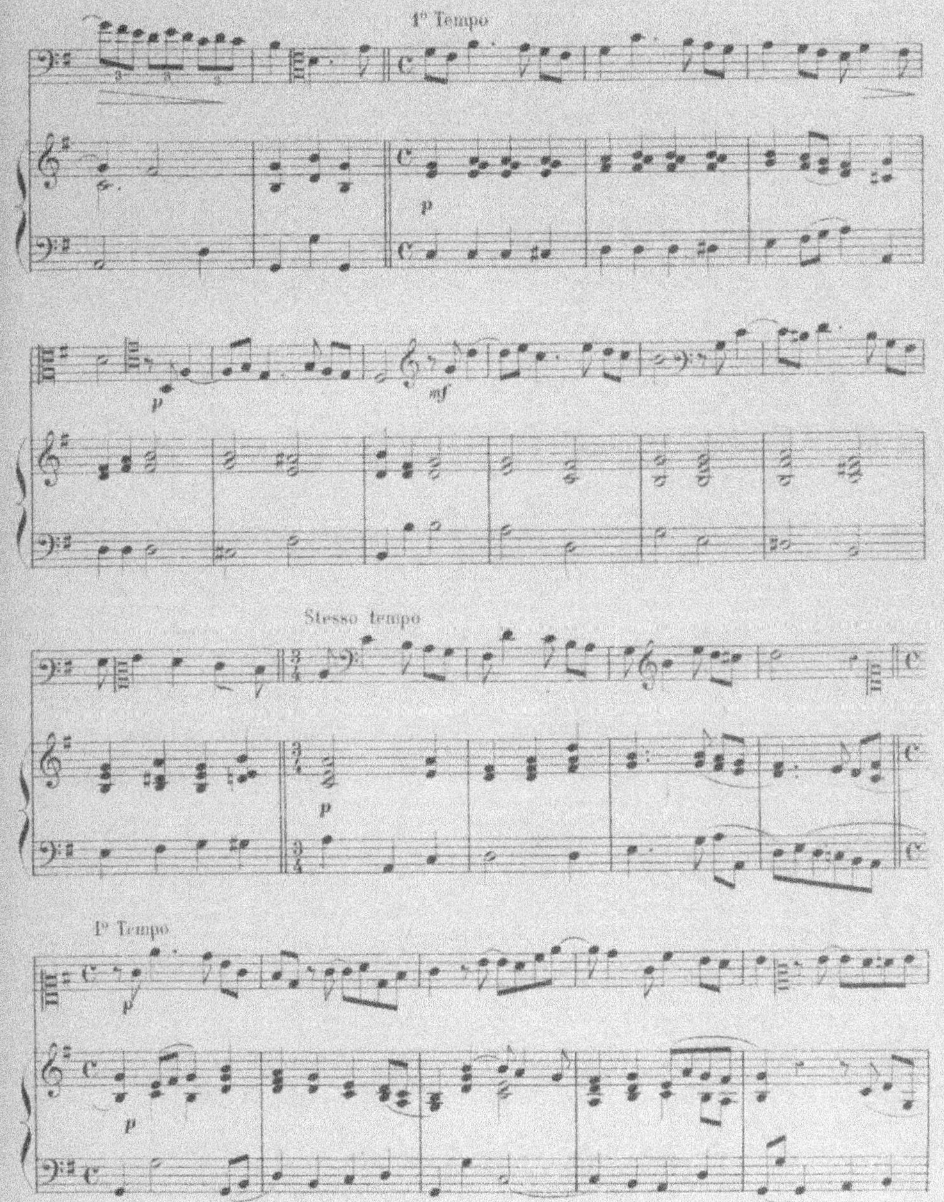
1° Tempo
p
p
mf
Stesso tempo
p
I° Tempo
p
p

Stesso tempo
Cresc.
Dimin.
1° Tempo

CONCOURS DE 1847

Stesso tempo
mf
Stesso tempo
p
Stesso tempo
mf

Stesso tempo
p
p
Stesso tempo
mf

CONCOURS DE 1848

Stesso tempo
p
p

1º Tempo
mf
p

CONCOURS DE 1849

Stesso tempo
p
p

Stesso tempo
mf
p

CONCOURS DE 1850

Allegro comodo 66 = ♩

N° 16

p

p

CONCOURS DE 1851

f
p
Cre . scen . do.
f
Dimin.
p
p
p

mf
f
p
f
mf

All° non troppo 84 = ♩
N° 18
mf
p

mf
p

Allegretto 56 = ♩
N° 19
p
mf
p

p
p

All° moderato 63 = ♩.
N° 20
p
p

f
p
p
p

Moderato 66 = ♩
p
p
N° 21
Cresc.
mf

Dimin.

p

mf

p

Cre - scen - do.
f
p
p
Poco allarg.
Suivez.

CONCOURS DE 1856

f
Dimin.
p

All° non troppo 60 =
Nº 23
p
p

Poco riten.
1º Tempo
1º Tempo
Poco riten.
Cre - scen - do
Riten.
Dimin.
Riten.

CONCOURS DE 1858

Moderato ma non troppo 84 = ♩

N° 24

Cresc.
f
mf

mf
p
Cre - - scen
do.
f
f

All° moderato 72 =
N° 25
p
p e legato

f
Dimin.
p
f
Dimin.
p
p

CONCOURS DE 1860

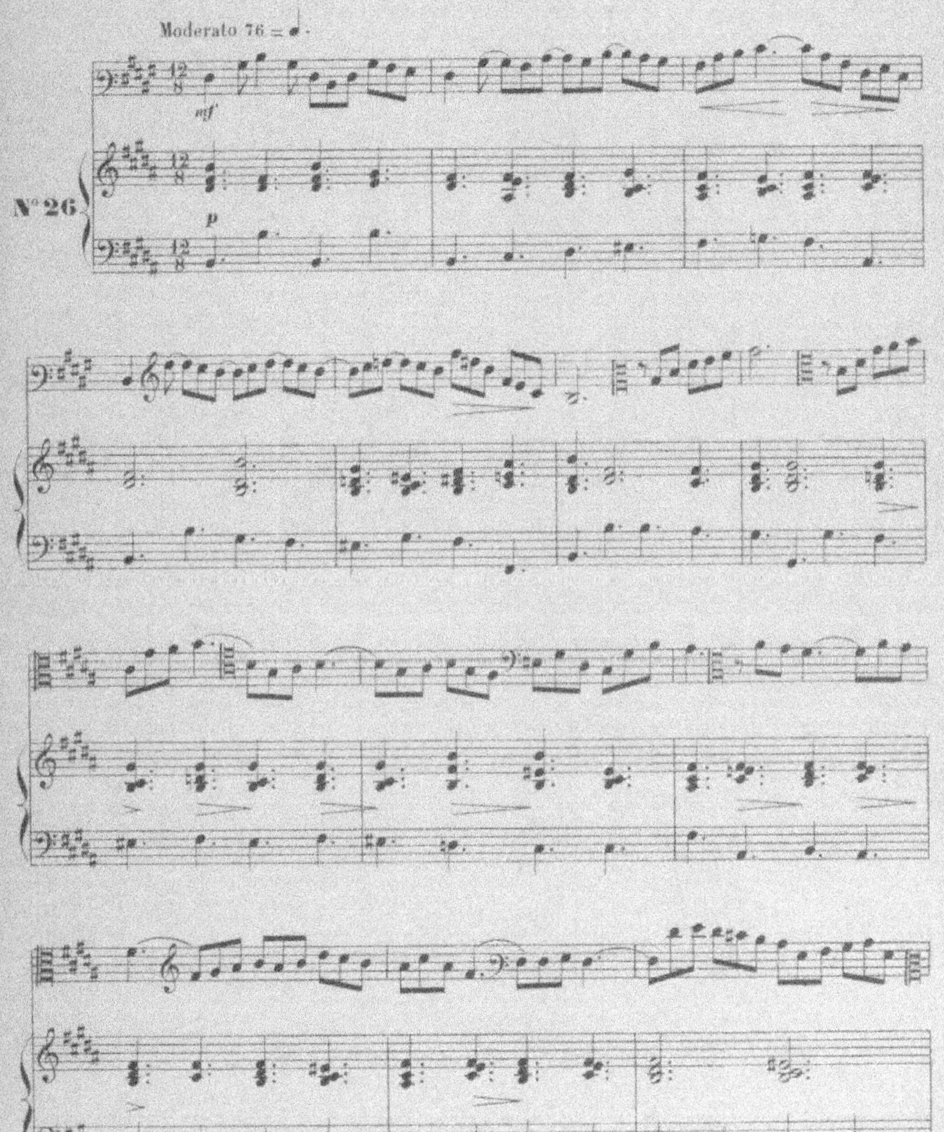

Poco rallent.
Suivez
Tempo
p
p

All° moderato 80 =
N° 27
p
p
p
mf
Dimin.

p
Cresc.
mf
p
Cresc.
p
p

CONCOURS DE 1862

Poco rallent.
Poco rallent.

Allegro non troppo 80 = ♩
N°29
mf
p
Cresc.
Cresc.
f
f
Dimin.
Dimin.

p
p
p
p
Cresc.
Cresc.
f
f

CONCOURS DE 1864

Iº Tempo
p
p
Stesso tempo

CONCOURS DE 1865

mf
p
p
Marcato
mf
mf

mf
p

Nº 32

p

p

p

p

Cresc.

f

Poco allarg.

All^tto con moto 88 = ♩
N° 33
p
p
mf

Tempo
Poco rallent.
Tempo
Suivez.
p

p
p

All° deciso 108 = ♩
N° 34
f
mf
Stesso tempo
Stesso tempo

f
mf

CONCOURS DE 1869

Allegretto 50 = ♩.

N° 35

p

p

mf

p

Tempo
Poco riten.
p
Tempo
Poco riten.
p
Cre scen do
f
Dimin.
p Poco ritard.
Suivez

CONCOURS DE 1870

N° 36

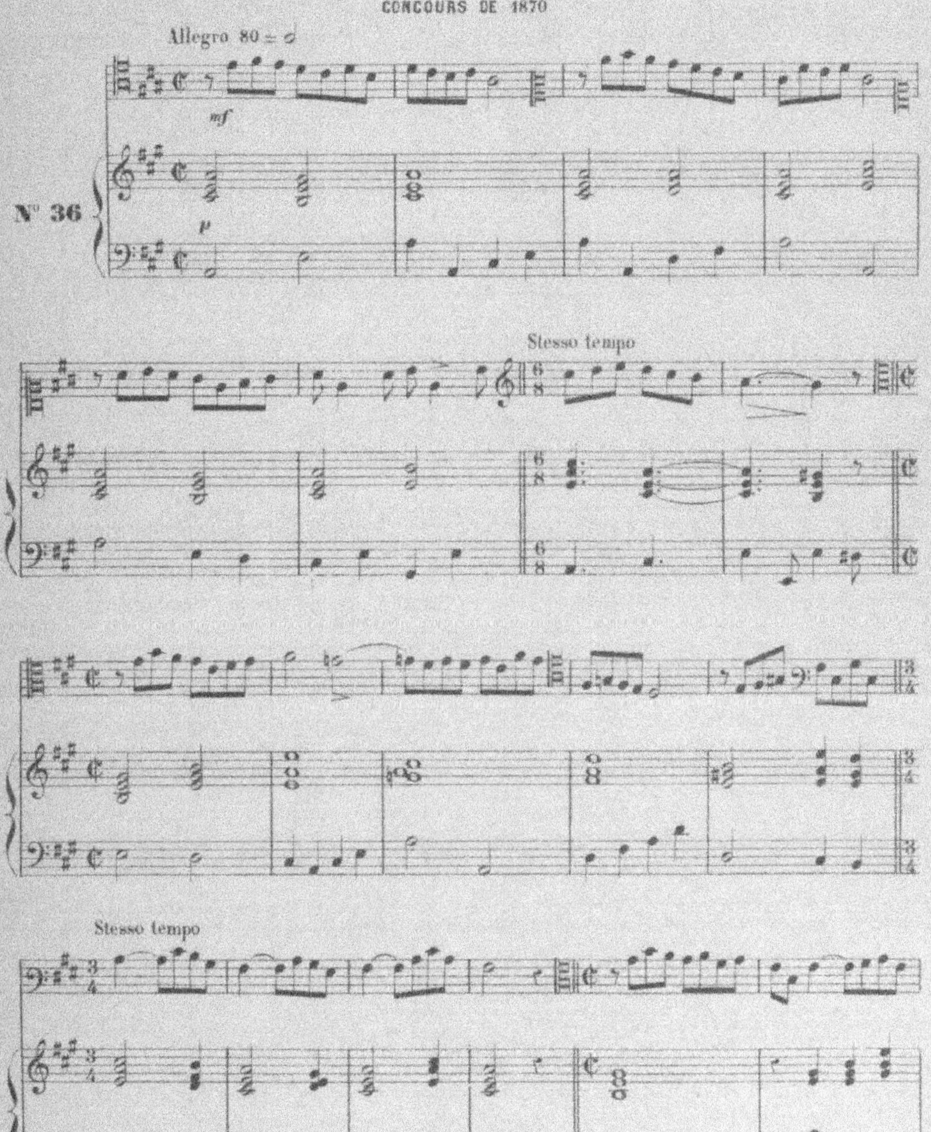

Imp. Chaimbaud, 18 r. de la Tour d'Auvergne

www.ingramcontent.com/pod-product-compliance
Ingram Content Group UK Ltd.
Pitfield, Milton Keynes, MK11 3LW, UK
UKHW020929180726
13838UKWH00002B/836